Quran & Sunna

Andrea Mohamed Hamroune

Auflage 1/ 2016
Assira-Verlag Offenbach
Lektorat: Andrea Mohamed Hamroune
Covergestaltung: Andrea Mohamed Hamroune
Coverbild: 123rf, azat1976
Kalligrafie:123rf, Zeynur Babayev
Herstellung und Verlag:
BoD- Books on Demond, Norderstedt
ISBN: 978-3-7421-6704-8

Inhaltsverzeichnis

Der Quran
I Die Entstehung des Quran — 6
II Der Quran als Buch — 10
III Den Quran verstehen — 14

Die Sunna — 18
Die Sahaba (Die Überlieferer von Quran und Sunna) — 21
Das Wissen im Islam — 24
Die Verschriftlichung der Hadithe — 28
Die Hadithgelehrten — 31

Nachwort — 33
Quellennachweis — 34

Der Quran
I Die Entstehung des Quran

Das Wort Quran bedeutet „Rezitation" oder „Lesung".
Es ist eine Rede Gottes (arab. Allah). die entweder schriftlich oder mündlich überliefert wurde. Er ist unnachahmlich, einzigartig und durch Gott vor Fälschung geschützt.
Der Quran ist eine Offenbarung (arab. wahi), die den Menschen führt und recht leitet. Entweder durch Intuition, Instinkt, Zeichen, Warnung oder Unterstützung des Engel Gabriel (arab. Djibriil).
Die Offenbarungszeit dauert 23 Jahre und begann in der Nacht der Offenbarung (arab. Lail al qadr) im Monat Ramadan. Entweder in der 27. Nacht oder in der 21 Nacht, innerhalb der letzten ungeraden Nächte des Monats Ramadan.
Die erste Offenbarung erhielt Muhammad, Friede und Segen auf ihn, im Jahr 610 n.Chr. in der Höhle Hira nahe Mekkas. Er war damals vierzig Jahre alt. Er hielt sich oft dort auf und nahm sich Essen mit oder ging wieder zu Chadidscha, um sich neu zu verpflegen. Danach stieg er wieder auf den Berg. Anfangs hatte er Träume, die dann wahr wurden.
An einem Tag kam der Engel Gabriel zu ihm, drückte ihn fest an sich und befahl ihm eindringlich zu lesen. Er machte dies drei Mal, so dass Muhammad, Friede und Segen auf ihn, es nicht mehr ertragen konnte. Muhammad, Friede und Segen auf ihn, erhielt die erste Offenbarung.

„Lies im Namen Deines Herrn, der erschaffen hat
den Menschen erschaffen hat aus einem Anhängsel
Lies, und Dein Herr ist der Edelste
der das Schreiben mit dem Schreibrohr gelehrt hat,
den Menschen gelehrt hat, was er nicht wusste."
(Quran 96:1-5)

Kurz danach ging er zu Chadidscha, um ihr alles zu erzählen. Ihr Cousin Waraqa erklärte Muhammad, Friede und Segen auf ihn, dass er den Engel Gabriel getroffen hatte, den Allah auch zu Moses und Jesus geschickt hatte. Er sagte, er würde von seinem Volk vertrieben werden.

Danach verging einige Zeit der Ruhe. Der Engel erschien ihm am Himmel, auf einem Stuhl sitzend. Muhammad, Friede und Segen auf ihn, hatte große Angst. So kamen die Worte

„Oh du Zugedeckter,
Stehe auf und warne;
Und deinen Herrn, Den preise als den Größten,
Und deine Gewänder, die reinige,
Und die Unreinheit des Götzendienst, die meide."
(Quran 74:1-5)

Die Offenbarungen kamen manchmal wie das Läuten einer Glocke, die von allem am schwersten vielen. Manchmal kam Gabriel auch als Mensch, sprach zu ihm und Muhammad, Friede und Segen auf ihn, merkte es sich dann.

Die letzte Offenbarung erhielt Muhammad, Friede und Segen auf ihn, im Jahre 632 n.Chr. neun Nächte vor seinem Tod. Es waren die Verse

„Heute habe ich euren Glauben für euch vollendet
und habe meine Gnade an euch erfüllt und es ist mein Wille, dass der Islam euer Glaube ist."
(Quran 5:3)

So wurde der Quran langsam herab gesandt, um Muhammad, Friede und Segen auf ihn, durch stetige Ansprache zu schonen und zu stärken. Manchmal brauchte er Rechtleitung. Gott nahm Rücksicht auf den

Propheten, um ihn mit den Erfahrungen zu bereichern. Außerdem war es wichtig neue Gesetze langsam einzuführen.. Muhammads, Friede und Segen auf ihn, Anhänger sollten Zeit haben den Text auswendig zu lernen und zu verbreiten und aufzuschreiben. Die Muslime benutzten die Verse dann im Gebet. Bis heute ist es eine Tradition, die Verse aus dem Quran auswendig zu lernen.

Muhammad, Friede und Segen auf ihn, schickte auch Lehrer aus. Einer von ihnen war Mus àb bin Umair. Er schickte ihn nach Yathrib (später Medina), damit er den Quran vorträgt, den Islam lehrt und um die Religion zu unterrichten. Man nannte ihn auch den Rezitator.

Unter den zwanzig bekanntesten Gefährten, die den Quran auswendig kannten waren Abu Bakr, Umar, Uthman, Ali, Ibn Ma`sud, Abu Huraira, Abdullah bin Abbas, Abdullah bin Amir, Hafsa und Umm Salama.

Zu Lebzeiten des Propheten gab es noch keinen Buchquran. Aus diesem Grund wurden die Offenbarungen auswendig gelernt und auf verschiedenen Materialien aufgeschrieben. Alle Berichte daraus wurden zusammen getragen. Die Ordnungskreterien und Anordnungen der Suren wurden durch den Propheten selbst fest gelegt.

Muhammad, Friede und Segen auf ihn, hatte Schreiber, denen er die Offenbarungen diktierte. Sowohl in Mekka , als auch in Medina.

Eine sehr wichtige Regel für das Berühren des Mushaf (in fester Ordnung gesammelte Blätter im Einband) ist die rituelle Reinheit (arab. Wu`du).

Der Gelehrte Al Harith Al Muhasibi gab zu der ersten Phase der Niederschrift eines Buchqurans folgendes an:

„Das Schreiben des Quran war nichts Neues, denn der Prophet ließ ihn immer nieder schreiben, aber das geschah in einzelnen Stücken, auf Lederstücken, Schulterblättern und Palmenmaterial. Und als Abu Bakr Al Siddiq die Anweisungen gab, ihn von verschiedenen Orten an einen gemeinsamen Ort zu übertragen, welcher die Form von Blättern hatte,

wurde (das Material) dazu im Hause des Propheten gefunden, wo der Quran ausgebreitet war. Er sammelte alles auf und band es mit einer Schnur zusammen, so dass nichts davon verloren gehen konnte."

Als Abu Bakr erster Kalif war, kam es im Jahr 633 n.Chr. zu der Schlacht von Jamama, in der vielen Muslime fielen, die den Quran auswendig konnten. Aus diesem Grund fertigte Abu Bakr ein geschriebenes Exemplar des Quran an. Nach seinem Tod gab man ihn zu Umar, als dieser starb gab man ihn zu seiner Tochter Hafsa.

Es gab auch private Sammlungen von Ibn Masùd, Ubay Ka´b und Zaid bin Thabit. Auch Aischa und Hafsa fertigten Versionen nach Muhammads, Friede und Segen auf ihn, Tod an. Letztendlich kam es nach Absprache der Prophetengefährten zur Entscheidung der Suhuf Abu Bakr (Suhuf sind Blätter ohne Einband) als Vorlage für den heutigen Quran- dem Mushaf Uthman.

Uthman schickte ihn in die Hauptzentren der Muslime, um ihn durch andere Materialien ersetzen zu lassen.

II Der Quran als Buch

Der Quran ist in Suren und Aya eingeteilt.
Aya bedeutet (rechtleitende) Zeile und Sure bedeutet " Reihe" oder " Zaun". Im Quran gibt es keine Verse, da er keine Poesie ist. Der Begriff " Vers" ist aber trotzdem altagsübliche, deutsche Tradition. Im eigentlichen Sinne ist die Sure ein Kapitel. Der Quran hat 114 Suren, wobei die längste 286 Aya hat und die kürzeste vier. Alle Suren, bis auf Sure 9, beginnen mit den Worten " Bismillahi alrahman rahim" (Im Namen Allahs, des Allerbarmers, des Barmherzigen). Die Namen der Suren dienen als Überschrift. Wie z.B. Al buqara- die Kuh und al fil- der Elefant.

Die Anordnungen der Suren wurden vom Propheten über den Engel Gabriel selbst festgelegt.
Muhammad, Friede und Segen auf ihn, erhielt diese Information kurz vor seinem Tode, als er den Quran von dem Engel Gabriel zweimal vorgelesen bekam.

Die Suren wurden in der Art der Länge aufgeteilt.
Al- tiwal   2- 10 (die Langen)
Al mi`un   10- 35 (100 Ayat)
Al matham   36- 49 (100 Ayat)
Al mufasel   50- 114 (der letzte Teil des Quran)

Außerdem hat man den Quran in dreißig gleich lange Teile geteilt, um im Monat Ramadan den Vortragsbedarf zu erleichtern. Man nennt sie dschuz. In Quranen aus dem Nahen Osten wird dschuz in vier hisb eingeteilt (erstes viertel: hisb, Hälfte des hisb, drittes viertel des hisb). Eine weitere Einteilung ist die manzil. Diese Einteilung dient zur Rezitation für sieben

Tage.

Der Quran ist in arabischer Sprache. Da der Prophet selbst Araber war. Die ersten Menschen, die er mit der quranischen Botschaft selbst an sprach, waren auch Araber. Zum einen ist es wichtig die Botschaft richtig und vollkommen zu empfangen, zum anderen besteht die Wichtigkeit die Botschaft zu entschlüsseln und zu begreifen. Denn nur die Kombination von beiden führt zum richtigen Verständnis.
Manche Menschen können den Quran auf Arabisch lesen, andere wiederum behelfen sich einer Übersetzung in ihrer Muttersprache. Jeder, der dazu bereit ist, sich auf die Botschaft des Qurans von Herzen einzulassen, kann ihn verstehen. Da der Quran in einfachen Worten verfasst wurde.

„Und wir haben den Quran leicht zum Bedenken gemacht.
Aber gibt es jemanden, der bedenkt"
(Quran 54-17)

Der gesamte Quran ist in Arabisch, bis auf Namen wie Isra`el, Imran, Nuh usw.
Es gibt ein Buch mit 118 Wörtern " Das Mufawakulu" von Al Sujuti, wo man fremdsprachliche Worte, die im Quran vorhanden sind, nach lesen kann.

Der Quran ist weder Dichtung noch Literatur oder anders ausgedrückt: weder Poesie noch Prosa. Das bedeutet, dass er weder im allgemeinen Sprachgebrauch geschrieben ist, noch ist er im künstlerischen Rhythmus und Reim geschrieben. Die Sprache des Quran nennt man Sadsch.
Im Quran stehen Geschichten über Propheten, deren Völker und Botschaft und von Verfolgungen. Ereignisse aus der Geschichte oder Bezüge zu Begebenheiten zum Leben des Propheten Muhammad, Friede und Segen auf

ihn. Wie z.B. die Schlacht von Badr oder die Schlacht von Uhud.
Ausserdem stehen im Quran Gleichnisse und Wahrheiten durch den
Vergleich von Bekannten in bildlicher Beschreibung, die als Botschaft
vermittelt werden.

Viele Passagen beginnen mit „Sag" (arab. qul) wie z.B.

> *„Sag: Sicher trifft uns nichts, was Allah für uns nieder geschrieben hat.*
> *Er ist unser Schutzherr, und auf Allah sollen die Gläubigen vertrauen."*
> **(Quran 9:51)**

Dann gibt es Schwüre wie

> *„Bei der Sonne und bei der Morgenhelle,*
> *Und dem Mond, wenn er ihr folgt,*
> *Und dem Tag, wenn er erscheinen läßt,*
> *Und der Nacht, wenn sie sie überdeckt,*
> *Und dem Himmel und Dem, Der ihn aufgebaut hat,*
> *Und der Erde und Dem, Der sie ausgebreitet hat*
> *Und einer jeden Seele und Dem, Der sie zurecht geformt hat"*
> **(Quran:91:1-7)**

Wichtig ist für uns, dass wir nur bei Allah schwören.

Dann gibt es Verse, die eindeutig sind und Verse, die zwei oder mehrere
Auslegungen zu lassen.
Menschen, die auf der Suche nach Spaltung sind, streben die
Mehrdeutigkeit an. Die anderen glauben alle Worte des Herrn und darin
sind die Gläubigen einsichtig.
Es gibt erlaubtes und verbotenes und Wertschätzungen über Leben und den

Tod, die Wiederauferstehung usw..

Manche Suren beginnen mit der Lesung von arabischen Buchstaben wie z.B. Alif lam ra. Die Begründung dafür ist nicht erfasst.
.

„ Dies sind die Zeichen der deutlichen Schrift"
(Quran 12:1)

III Den Quran verstehen

Die Zeitperioden im Quran werden durch zwei Phasen unterschieden. Diese sind vor der Hidschra- die Zeit in Mekka und nach der Hidschra- die Zeit in Medina.

Die mekkanische Periode dauerte etwa 13 Jahre an. Da Muhammad, Friede und Segen auf ihn, mit mit 40 Jahren zum Propheten erhoben wurde und mit 53 Jahren ausgewandert war. Seine Hauptaufgabe war zum Islam zu rufen. Islam bedeutet an Gott zu glauben. Das Wort stammt aus dem Stammwort aslama und bedeutet „Unterwerfung unter Gott" bzw. „Völlige Hingabe (an Gott)". Er warnte vor der Auferstehung und dem Tag des letzten Gerichts. Außerdem trat er vornehmlich in der Überzeugung als Verkünder und Warner auf. Das bedeutet, dass Muhammad, Friede und Segen auf ihn, seine Propheterie annahm und sie glaubhaft, wahrheitsgemäß bestätigte und bestätigt bekam.
Die medinensische Periode dauerte 10 Jahre. Das ist die Zeit nach der Hidschra bis zu seinem Tod.
In Medina gab es die Muhadschirun (Auswanderer), die Ansar (Helfer aus Medina) und die Munafiqun (Heuchler, die vorgaben Muslime zu sein). Außerdem gab es in Medina die Ahl al kitab (Leute der Bücher). Das sind Juden und Christen, die auch Gläubige einer Offenbarungsreligion sind. Dann gab es noch die Glaubensverweigerer und die Unwissenden.

Mekkanische Suren kommen aus Mekka, selbst wenn Teile davon aus Medina sind. Die medinensischen Suren sind die, die ihren Anfang in Medina haben. So ist die Offenbarungszeit entweder aus Mekka oder Medina. Die Al Fatiha (Sure 1- die Eröffnende) ist nicht kategorisiert. Die Suren sind in unterschiedlicher Zeitabfolge herabgesandt. Das bedeutet,

dass der Quran nicht chronologisch ist. Die Muslime machten eine Entwicklung durch in ihrer Anordnung von Gesetzen. So war es in der mekkanischen Zeit nur möglich sich mit Worten zu verteidigen. Die Verse der Kriegsführung sind nur nach der Hidschra offenbart.
Die mekkanische Ayat sind kurz wie z.B. Sure 26. Sie hat 227 kurze Ayat. Die Sura 8 z.B. ist medinensisch mit 75 relativ langen Ayat.

Mekkanische Ayat:
- „Ihr Menschen" und „Mein Volk"
- Thema: Tauhid (Eingottglaube). Schirk (Vielgötterei)
- Tag der Auferstehung
- Korruption der Moral
- Prophetengeschichten (in Medina sehr kurz gefasst)
- Die haruf tahajji (Alif lam mim) - ohne Sure 2 + 3
- Ayat kalla, sadschda, die mufasel Gruppe 50

Medinensiche Ayat:
- Anrede: Ihr, Leute der Schrift; Ihr, die glauben
- Thema: Eheschließung, Ehe, Scheidung, Erbschaft, Strafrecht
- Munafiqun (Heuchler) - Ausnahme (29:11) ihr Vers ist mekkanisch
- Das Wissen um die Anordnung wird in der Tafsirwissenschaft verwendet.

Der Quran ist für alle Zeiten gültig. Für jede Offenbarung gibt es einen geschichtlichen Hintergrund zu Ereignissen und deren Umstände. So hat ein Wissenschaftler gesagt: „Das Wissen vom Tafsir der Ayat ist nicht möglich, ohne das man sich mit der Geschichte und der Erklärung (Gründe) für die Offenbarung beschäftigt."

Wichtig ist:
- Die Auswirkung einer Ayat im ursprünglichen Zusammenhang
- Der Grund für die Gesetzgebung
- Die ursprüngliche Absicht der Ayat
- Die spezielle oder allgemeine Anwendbarkeit, die Umstände und Verwendung
- Die historische Situation und Entwicklung der muslimischen Gemeinde

Die Geschichten der Offenbarungen wurden von Gefährten überliefert. Nur Hadithe, die sahih (richtig/ gut) sind, dürfen verwendet werden. Außerdem mußte die berichtende Person bei der Offenbarung in Zeit und Anlass dabei gewesen sein. Berichte von Menschen, die nicht auf den Propheten und seine Gefährten zurück gehen, müssen als daif (schwach) angesehen werden.
Es gibt wahrscheinliche Berichte und definitive (bestimmte) Berichte.

Die Offenbarungen können
- als Antwort auf ein Ereignis oder eine allgemeine Lage
- als Antwort auf eine besondere Frage eines einzelnen
- aus anderen bekannten oder unbekannten Gründen sein

Zum Thema Aborgation

„Was wir an Versen aufheben oder in Vergessenheit geraten lassen- Wir bringen bessere oder gleichwertige dafür. Weißt Du denn nicht, dass Allah zu allem die Macht hat"
(Quran 2:106)

Der Quran brachte stufenweise Veränderungen, um den Menschen an neue Vorschriften zu gewöhnen. Das ist wichtig für:
- Die Voraussetzung für die Erläuterung (Tafsir) des Qurans
- Die Voraussetzung für das Verständnis und die Anwendung des islamischen Rechts (hukm, scharia)
- Das Verständnis der historischen Entwicklung des islamischen Gesetzwerks

<u>**Wichtig**</u>
Tafsir (Analyse des Qurans) oder juristische Urteile einer Person, die solche Kenntnisse nicht hat, sind nicht akzeptabel.

Die Sunna

Sprachlich gesehen ist das die Lebensart, Tradition, Sitte, Gewohnheit und Lebenswandel, ob nun gut oder schlecht, einwandfrei oder nicht.
Es bedeutet auch „Die Betreuung von etwas".

Religiös versteht man darunter, alles was der Prophet Muhammad, Friede und Segen auf ihn, an die Menschen weiter gegeben hat. (Der Quran gehört nicht dazu. Da dieser eine Offenbarung ist, die ihm übermittelt wurde, ohne das er inhaltlich etwas damit zu tun hatte)
Das ist alles was er gesagt oder gemacht hat. Es geht hier um Verbote oder Erlaubnisse oder um Beurteilungen von Menschen in deren Handlungen, die er missbilligte oder wohlwollend für gut hielt.

Die Scharia- Normen lassen sich aus dem Quran und der Sunna ableiten.
Man unterteilt sie in:
- Al- fard- Al waadschib- die Muss- Handlungen
- Al- manduub bzw. Al mustahab- die Soll-Handlungen
- Al- mubaah- die Kann- Handlungen
- Al- makruuh- die Soll-Nicht- Handlungen
- Al- haraam- die Darf- Nicht- Handlungen

Die Sunna steht in der Kategorie Soll-Handlung.
Die Hadithgelehrten definieren die Sunna wie folgt:
„Die Sunna ist die Gesamtheit aller Handlungen, aller verbalen und nonverbalen Äußerungen, aller Moralwerte, aller Körpermerkmale und aller Gewohnheiten, die dem Gesandten zugeschreiben werden. Unabhängig davon, ob diese der Zeit vor oder nach seiner prophetischen Sendung entstammen."
Auch die Sunna der rechtgeleiteten Kalifen spielt hier eine Rolle.

Der Prophet Muhammad, Friede und Segen auf ihn, sagte uns voraus, dass sich der Islam in 73 Gruppen spalten wird und die einzige, die vor dem Höllenfeuer gerettet würde sind, die das Befolgen,
was er und seine Gefährten haben.
(At- tirmidhiy)

Die Al- bid`ah
Sprachlich gesehen bedeutet das „etwas erfinden ohne vorheriges Beispiel".
Derjenige, der so etwas macht wird als „Mubtabi" bezeichnet.
Religiös sind das Erfindungen von Handlungen oder Aussagen ohne Überlieferung durch den Gesandten oder über die Gefährten.
Der Prophet beurteilte dies so: „Wer in diese unsere Angelegenheit (in den Islam) etwas einführt, was nicht enthalten ist, der wird zurück gewiesen."

Al Hadith
Das Wort Hadith ist ein Synonym für die Sunna.
Sprachlich gesehen bedeutet es „Mittelung, Gespräch oder Nachricht".
Es wird unabhängig davon rezitiert, egal ob vor oder nach der Sendung zum Propheten . Es ist die gesprochene Sunna.
(Al chabar ist ein Synonym für Sunna)

Hadith- qudsiy
Sprachlich bedeutet qudsiy „rein".
Der Prophet überlieferte hier eine Rede Allahs. Es sind heilige Hadithe. Sie stammen nur von dem Gesandten und sind im Quran nicht aufgeführt. Es darf sinngemäß rezitiert werden, jedoch nicht im Gebet und bedarf nicht den Zustand der rituellen Reinheit.

Der Unterschied zwischen Quran und Sunna
Der Quran ist eine wirkliche Offenbarung durch den Engel Gabriel, für die weder der Engel Gabriel noch der Prophet die Verantwortung trägt. Es war die einzige Aufgabe die Botschaft an die Menschen zu verbreiten, wie sie sie empfangen hatten. Er wurde mündlich oder schriftlich durch eindeutige Quellen überliefert. Die Rezitation des Quran ist unabdingbar im Gebet und muss im Original sein.
Die Sunna ist nicht immer eindeutig überliefert. Die Rezitation der Sunna annuliert das Gebet. Es ist immer erlaubt, sie zu rezitieren auch ohne rituelle Reinheit (Al Wu`duu). Die Sunna darf sinngemäß weiter gegeben werden.

„Ihr, die den Glauben verinnerlicht habt! Gehorcht Allah und gehorcht dem Gesandten und den Verantwortlichen unter euch. Wenn ihr euch über eine Angelegenheit streitet, dann legt sie Allah und seinem Gesandten vor, solltet ihr den Glauben an Allah und an den jüngsten Tag verinnerlicht haben. Dies ist besser und hat einen besseren Abschluss."
(Quran 4:59)

Die Stellung des Quran im Vergleich zur Sunna
Der Quran wird allgemein formuliert, während die Sunna die Formulierung konkretisiert und einschränkt, ergänzt oder genauer erklärt.
z.B. Der Quran fordert zum Gebet auf, die Sunna erklärt die Gebetszeiten und die Art und Weise.

Die Sahaba
(Die Überlieferer von Quran und Sunna)

Sprachlich bedeutet das Wort „jemanden begleiten", „mit jemanden befreundet sein", „Umgang mit jemanden pflegen und haben". Es wird für Menschen verwendet, mit denen man intensiven Umgang hat und befreundet ist.
Auch jeder, der nur kurz neben dem Propheten Muhammad, Friede und Segen auf ihn, saß, war ein Sahaba.

Je früher die Sahaba den Islam annahmen und je länger sie den Propheten begleiteten, desto höher ihre Stellung. Zu ihnen gehörten die Auswanderer aus Mekka, die Helfer aus Medina, die Kämpfer in den Schlachten und die Muslime, die Mekka befreiten. Auch die Familie des Propheten gehörte dazu, seine Ehefrauen und die Kalifen.
Jeder Mensch, der irgendwie etwas mit der Biografie des Propheten in Verbindung gebracht werden kann, war ein Sahaba.

Die besten unter den Sahaba waren die Kalifen.
Abu Bakr, Uthman, Umar und Ali, denen Muhammad, Friede und Segen auf ihn, das Paradies versprach, wie er es auch Sa`d Bnu waqqas, Sa`id Bnu Zaid, Talhah Bnu`- ubaidil- laah, Az- zuhair Bnul- auwaam, Abdur- rahmaan Bnu`- auf, Abu- ubaidah Bnul- dscharrah versprach.

Gott sagt im Quran:

„Ihr wart die beste Gesellschaft, die unter den Menschen hervor gebracht wurde, ihr ruft zum Gebilligten auf und ratet vom Missbilligten ab und verinnerlicht den Glauben an Gott."
(Quran 3:110)

Die Sahaba gelten prinzipiell als vertrauenswürdige Personen, da sie Träger der Scharia waren.
(Die Scharia bildet die Moralvorstellung der Muslime in allen Angelegenheiten des Lebens und Glaubens, beruhend auf den Verboten und Geboten des Quran, in der Beispielhaftigkeit der Sunna)

Die wichtigsten Hadithwerke sind von:
- Imam Al Buchary
- Imam Muslim
- Imam Abu Dawuud
- Imam Al- Tirmidiy
- Imam Ibnu- maadschah
- Imam Annassaiy
- Imam Ad- daarimiy
- Imam Ahmad Bnu Hanbal

Die Taabi- iy
- sind Muslime, die die Sahaba trafen.
Sie mussten mindestens so alt sein, um etwas von den Sahaba zu lernen.

„Selig ist derjenige, der mich sah und den Glauben an mich verinnerlicht hat. Auch selig ist derjenige, der denjenigen sah,
der mich (den Propheten) gesehen hat."
(Tirmidiy)

Die Sahaba und die Taabiun sind zusammen die Salaf. Jeder Muslim, der den Salaf folgt, bis zum Tag der Auferstehung, folgt somit der Vorbildlichkeit Muhammads, Friede und Segen auf ihn, im Einklang zum Quran.

„Es sind diejenigen, die genau dem folgen,
was ich und meine Sahaba heute folgen."
(Thirmidhi)

Salaf bedeutet rechtschaffener Vorfahre.

Das Wissen im Islam

Der Prophet hatte 23 Jahre Zeit, um den Islam als Religion zu verbreiten. Er war ein Mensch, Vater, Ehemann, Richter und Staatsoberhaupt.

Um den Islam richtig praktizieren zu können, ist es wichtig möglichst umfassendes Wissen in der Religion zu haben. Der Islam ist eine Religion des Herzens, in der man den Glauben durch Wissen in der Umsetzung von Wort und Tat seinen Vorbildern folgt.
Es ist wichtig den Quran auch in seiner Natur- und Geisteswissenschaft zu studieren. Der Quran ist ein allumfassendes Werk, mit einem Wissen, dass immer wieder neu und unendlich ist.

„Das Aneignen von Wissen ist eine Muss- Handlung (fariidah) für jeden Muslim."
(Imam Ibnu- maadschah)

Der Prophet hat immer Möglichkeiten gesucht und Wissen zu verbreiten und verpflichtete andere es weiter zu geben.

„Der Wissende und der nach Wissen strebende sind Partner in der Belohnung. Und bei allen anderen Menschen ist gutes nicht zu erwarten."
(Imam Ibnu - maadschah)

Bei der Übermittlung von Wissen
- sprach er stets langsam und in kurzen Sätzen
- er wiederholte gerne alles
- er trug Gebote und Gesetzte rücksichtsvoll und mit viel Liebe vor
- er versuchte die Menschen zu überzeugen, in dem er Rücksicht auf ihre

Gefühle, das Alter, den Personenstand und die Tradition seines Gegenüber nahm
- er machte stets Pausen bei seinen Ermahnungen, um die Leute nicht zu langweilen.
- er machte deutlich, dass die Worte eines Muslim mit seinen Taten überein stimmen müssen

> *„Ihr, die den Glauben verinnerlicht habt! Weshalb sagt ihr, was ihr nicht tut? Es ist äußerst widerlich bei Allah, dass ihr sagt, was ihr nicht tut.*
> **(Quran 61:2-3)**

- er gab leichte Aufgaben und war sehr geduldig

> „Lehrt, bringt Erleichterung und baut keine Erschwernisse auf! Sollte jemand von euch in Zorn geraten, dann soll er schweigen."
> **(Bnu Hanbal)**

Da Frauen nicht bei den Unterrichten der Männer sitzen durften, unterrichtete der Prophet sie an einem anderen Tag alleine. Er beantwortete gerne ihre Fragen, zu jeder Zeit.
In Mekka unterrichtete er im Hause von Al-arqam Bnu-addi-manaaf, in Medina hatte er einen Raum in der Prophetenmoschee.

Das Erlernen der Sunna
- die Sahaba waren bei Sitzungen dabei und fragten sich danach gegenseitig ab, damit es sich gut einpräge.
- Sie teilten sich das Lernen ein.
Ein Drittel der Nacht verbrachten sie in freiwilligen Gebeten, ein Drittel der Nacht lernten sie die Hadithe auswendig und ein Drittel der Nacht schliefen sie.

- sie wechselten sich bei der Teilnahme an Sitzungen ab und tauschten sich dann später darüber aus.
- der Prophet wurde beobachtet wie er z.B. betete und fastete, aß und trank. Die Sahaba gaben es dann an die Tabiuun weiter.
- es wurde beobachtet wie der Prophet auf Fragen der Muslime zu unterschiedlichen Ereignissen reagierte und davon berichtet
- es wurden persönliche Begebenheiten des Propheten verbreitet.

Die Verbreitung der Sunna
- der Prophet erklärte unermüdlich den Islam, besuchte Stämme und diskutierte mit Juden und Christen.
- es wurden Fragen über den Islam gestellt und die Antworten an andere weiter gegeben.
- die Sahaba gaben die Hadithe in die Familie weiter
- die Ehefrauen (Aischa und Umm Salama) stellten viele Fragen und gaben die Antworten an Verwandte und nachfolgende Muslime weiter.
- durch Botschafter, die mit Briefen die Botschaften an die Nachbarländer weiter gaben.
- die Befreiung von Mekka und die Abschiedspredigt. Bei diesen Ereignissen waren 10000 Muslime dabei, die später davon berichteten.
- neugierige Stämme kamen, um sich über den Islam und die Geschehnisse zu informieren. Auch sie nahmen den Islam an und gaben Unterstützung.

Die Sahaba gaben nur Hadithe weiter, von denen sie sicher waren, das sie auch stimmten.
Auch suchten sie Zeugen, um die Hadithe von ihnen bestätigt zu bekommen. Die Tabiuun taten es ihnen gleich.

„Es genügt für einen Menschen zu lügen, das er (meint) alles weiter zu erzählen, was er gehört hat."
(Muslim)

Zentren der Verbreitung nach Muhammads, Friede und Segen auf ihn, Tod

Medina, Mekka, Kufa, Basra, Aschscham (Syrien, Palästina, Libanon, Jordanien), Nordafrika, Spanien, Jemen, Buchara, Samarkant

Als Muhammad, Friede und Segen auf ihn, noch lebte, kamen die Muslime zu ihm, um den Islam und den Quran kennenzulernen. Nach seinem Tod reisten die Sahaba weit, um die Hadithe direkt von den Überlieferern bestätigt zu bekommen.

Die Verschriftlichung der Hadithe

Die ersten Belege für die Verbreitung der Schreibkunst der Araber sind um 300 n.Chr. bekannt.
Zu Lebzeiten Muhammads, Friede und Segen auf ihn, konnten einige Menschen schreiben, andere nicht. Schreibkundige wurden als „Al-kamamil" (Die Vollkommenen) bezeichnet.
Für Dichter war diese Eigenschaft jedoch verpönt und wenn bekannt, dann aber geheim. Vielmehr galt es aus dem Stand zu rezitieren bzw. zu reimen und auswendig zu lernen.

> „Wir sind eine analphabetische Gemeinschaft,
> wir schreiben nicht und rechnen nicht."
> **(Buchary, Muslim)**

Da es nun aber um die Verbreitung des Wissens ging, war die Kunst des Schreibens unabdingbar. Der Prophet unterstützte die Wichtigkeit, in dem er den Gefangenen aus der Schlacht von Badr zu ihrer Freilassung dazu verpflichtet zehn muslimischen Kindern lesen und schreiben beizubringen. Auch in der Moschee des Propheten wurde in der Schule, der Kataatib, lesen und schreiben unterrichtet. Zu jener Zeit wurden auch die Offenbarungen aus dem Quran aufgeschrieben. Vierzig Leute waren dazu erlesen. Unter ihnen auch die späteren Kalifen Abu Bakr, Umar, Uthman und Ali. Später unterrichteten auch die Tabiuun.
Es wurde ein Staatsvertrag aufgestellt „Die Charta von Medina" und „Der Friedensvertrag von Hudaibiya". Es gab schriftliche Aufforderungen nach Jemen zur Abgabe des Zakat (Armenunterstützung) und Briefe an die Staatsoberhaupte in Persien, Ägypten und Damaskus.

Trotz alledem gab es nur wenige Aufzeichnungen von Hadithen in der Zeit nach der Auswanderung bis zum Tode Muhammads, Friede und Segen auf ihn. Der Prophet erlaubte die Niederschrift.
Man nannte die Aufzeichnungen „as- sahiifatus- saadiqah"
(Das wahrhaftige Schriftblatt).

Die wichtigsten Werke waren von:
- Imam Ahmad Bnu- hanbal
- Abu dawuud
- An- nasaaiy
- Ibnu maadschub
- At- tirmidhiy

Die Erlaubnis zur Niederschrift

„Schreibt nichts von mir auf! Jeder, der von mir außer dem Quran etwas niedergeschrieben hat, soll es ausradieren! Doch überliefert von mir- dabei liegt nichts Unannehmliches. Wer in meinem Namen lügt, der soll seinen Platz im Höllenfeuer einnehmen."
(Taqidul- ilm)

„Wir hören von dir Dinge, sollen wir sie aufschreiben? Er sagt: „Schreibt auf! Es ist nichts Falsches* dabei."
(Taqidul- ilm)

* Damit meinte der Prophet, dass es richtig ist, alles aufzuschreiben und das er nur Wahres sprach.

Es sollte aber darauf geachtet werden, dass die Aufzeichnungen der Hadithe nicht mit denen des Quran zusammen kamen. Als man die Offenbarungen

jedoch auswendig lernte, wurde die Unterscheidung sicher.
Die Hadithgelehrten waren in der Lage anhand der Überlieferungskette die Hadithe als richtig einzustufen.

Die Hadithgelehrten

Die Hadithgelehrtrn prüften die Hadithe, in dem sie die Eignung der Person zum Auswendiglernen prüften und auf Überlieferungsfähigkeit.
Manche Gelehrte erlaubten erst Jugendlichen die Weitergabe, andere gaben die Erlaubnis auch an Fünfjährige. Je nach dem ob sie Urteils- und Unterscheidungsfähig waren.

Die wichtigsten Bedingungen waren
- Muslim zu sein
- Geschlechtsreife
- untadeliges Verhalten
- Fähigkeit fehlerfrei auswendig zu lernen

Die Lehrmethoden waren unterschiedlich. Das wichtigste war jedoch nur bestimmte Hadithe weiterzugeben. Die Aufnahmen der Schüler mussten mit denen des Gelehrten übereinstimmen. Außerdem mußte der Schüler seriös und wirklich wissbegierig sein.

Die beste Weitergabe ist immer im Originaltext. Bevorzugt sind Überlieferer mit Kenntnissen der arabischen Sprache und in Fiqhangelegenheiten.
Rituelle Handlungen dürfen nur im Originaltext weiter gegeben werden.

Die Hadithgelehrten überprüften die Überlieferer, in dem sie deren Biografie studierten.

Authentizität der Hadithe
- Al- hadiithus- sahih (der makellose Hadith)
- Al- hadiithul- hasan (der mittelmäßige Hadith)
- Al- Hadiithud- daìf (der mangelhafte Hadith)

Nachwort

Der Quran und die Sunna sind die Grundlagen der islamischen Rechtsprechung. In ihnen finden wir alle Normen dessen, was für den Menschen und die Gesellschaft an Handlungen in Gebot und Verbot wichtig sind.
Einige Gesetzte finden wir nur im Quran, andere wiederum nur in der Sunna. Es gibt auch Themen, in denen man den Quran und die Sunna gleichzeitig zur Rechtsprechung heranzieht.
Gültig ist das Gesetz immer.
Aber um hier auch wirklich das Wort „Gesetz" auszusprechen, darf es nicht ohne die Worte Barmherzigkeit und Allerbarmen einher gehen.
Letztendlich würde man dann zum Thema Scharia kommen. Wenn Ihr dieses Buch gelesen habt, werdet Ihr ungefähr wissen, wohin wir müssen, wenn wir von ihr sprechen. Aber richtig da gelandet, wo wir hin müssen, sind wir noch nicht.

Quellennachweis

Ulummul- hadiith
Band 9 Islamologisches Institut (Hrsg)
ISBN 978-3-902741-03-5

- Ulum Al- Quran
Einführung in die Quranwissenschaften
Ahmed von Denffer
Übersetzung der Orginalausgabe
ISBN 89037 2480

- Der edle Qur`an
Scheich Abdullah as- Samit Frank Bubenheim

www.islam-pedia.de
www.islamische-datenbank.de

Weitere Informationen zum Thema Islam
sind auf unserer Homepage.

www.assira-verlag.de

Auch erschienen unter www.assira-verlag.de

„Glaube und Gottesdienst im Islam"
Autorin: Andrea Mohamed Hamroune
ISBN 978-3-7412-7436-7

Als Muslim glaubt man an Gott, an die Engel, an die Bücher, an die Propheten, an den letzten Tag und an das Schicksal.
Man definiert den Götzendienst, um einem einzigen Gott zu dienen, ihn zu ehren, ihn zu lieben, dankbar und gehorsam zu sein.

Gott hat dem Muslim zum Gedenken an ihn Gottesdienste auferlegt.
Das ist „Der Glaube an einen Gott" überhaupt, das Gebet, das Fasten im Monat Ramadan, die Zakat (Armenabgabe) und die Hadsch (große Pilgerfahrt nach Mekka).

Es gibt zwei Feiertage im Islam.
Das Fest des Fastenbrechens (Idul fitre) nach Ramadan und das Opferfest (Idul adha) zum Gedenken an den Propheten Abraham (arab. Ibrahim) und seinen Prüfungen.

Im Islam berechnet man die Monate nach dem Mondkalender.

Eine Moschee ist nicht nur ein Gotteshaus für Muslime.
Das Wort bedeutet „Ort der Niederwerfung" und könnte dementsprechend überall sein und ist daher auch für alle Menschen zugänglich. Schaut mal vorbei!!!

Probiert bitte die Fastensuppe „Harira" zu kochen und die Süßigkeit zum Tag von Aschura.

„Die Chronologie des Propheten Muhammad als Arbeitsbuch"
Autorin: Andrea Mohamed Hamroune
ISBN 978-3-7412-7728-3

In jeder Biografie (Sira) des Propheten Muhammad, Friede und Segen auf ihn, steht am Ende des Buches eine Übersicht, in zeitlicher Zuordnung, über die wichtigsten Ereignisse in seinem Leben.
Diesmal ist es Eure Aufgabe eine Chronologie zu schreiben.
Als Anhaltspunkt sind Zeitvorgaben farblich hervorgehoben.

Reist zurück in das 7te Jahrhundert n.Chr..
Muhammad, Friede und Segen auf ihn, war der Al Amin (Vertrauenswürdige). Ein Mensch, den Gott zu dem Verkünder der Botschaft des Quran machte. Eine unzerstörbare, niemals veränderbare, unnachahmlich Botschaft, die die Menschen bis zum letzten Tag begleiten wird. Alles, was er mit den Worten Gottes und seiner Sunna verbot, dient zum Wohle der Menschheit. Alles was er erlaubte, soll für uns eine Richtlinie sein.

Muhammad, Friede und Segen auf ihn, lebte 23 Jahre in Begleitung einer göttlichen Offenbarung, die zu bestimmten Ereignissen in seinem Leben herab gesandt wurde. Um den Quran verstehen zu können, ist es unverzichtbar sein Leben zu kennen.